Vente **HENRY PERROT** et Fils

Les Mardi 7, Mercredi 8, Jeudi 9, Vendredi 10 et Samedi 11 Mars

RUE CHARLOT, N° 5

MODÈLES

POUR

BRONZES D'ART

De la Maison **HENRY PERROT** et Fils

FABRICANTS A PARIS

Médaille d'Or à l'Exposition universelle de 1878

EXPOSITION PUBLIQUE

Les Jeudi 2, Vendredi 3, Samedi 4 et Dimanche 5 Mars, de 10 heures du matin à 5 heures du soir.

Me E. LECOCQ	M. WAGNER
COMMISSAIRE-PRISEUR	EXPERT
Rue de la Victoire, n° 20	Passage Vaucouleurs, 2 bis

PARIS — 1882

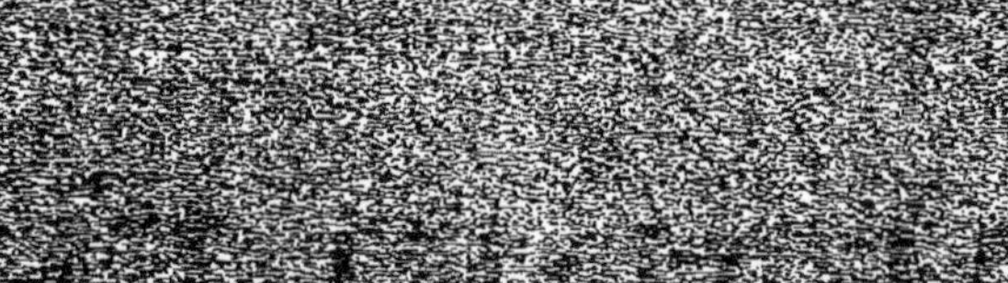

CATALOGUE

DES

MODÈLES

POUR

BRONZES D'ART

Styles Louis XIII, Louis XIV, Louis XV, Louis XVI, Moyen Age, Renaissance
Roman, Étrusque, etc.

AVEC DROIT DE REPRODUCTION

Pour Bougeoirs, Bouts-de-Table, Cachets, Candélabres, Coffrets
Coupes, Encriers, Flambeaux, Glaces
Groupes, Statuettes, Bustes, Guéridons, Jardinières
Lustres, Pendules, Porte-Allumettes, Porte-Bouquets, Porte-Cigares, Pots à tabac
Sonnettes, Thermomètres, Torchères, etc.

PROVENANT

De la Maison HENRY PERROT et Fils

FABRICANTS A PARIS

Médaille unique (Londres 1862), Médaille d'argent (1867), Médaille (Vienne 1873)
Philadelphie, etc., etc.

Médaille d'Or à l'Exposition universelle de 1878

Dont la vente aux enchères publiques aura lieu

RUE CHARLOT, N° 5

Les Mardi 7, Mercredi 8, Jeudi 9, Vendredi 10 et Samedi 11 Mars

A DEUX HEURES **TRÈS-PRÉCISES** DE RELEVÉE

Par le ministère de **Me ÉMILE LECOCQ**, Commissaire-Priseur,
rue de la Victoire, 20,
Assisté de **M. WAGNER** fils, Expert, passage Vaucouleurs, 2 *bis*,
CHEZ LESQUELS SE DISTRIBUE LE CATALOGUE.

EXPOSITION PUBLIQUE

Les Jeudi 2, Vendredi 3, Samedi 4 et Dimanche 5 Mars 1882, de 10 heures
du matin à 5 heures du soir.

PARIS — 1882

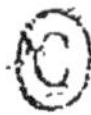

CONDITIONS DE LA VENTE

Elle sera faite au comptant.

Les Acquéreurs paieront CINQ POUR CENT en sus du prix d'adjudication.

Ils seront tenus de prendre la Fonte brute (*qui existe du reste en très petite quantité*) pour chacun des Modèles, au prix de **4** francs **50** centimes le kilogramme.

Le **Poids de Fonte** sera indiqué au moment de la mise en vente de chaque Modèle.

NOTA. — Tous les Modèles portés au présent Catalogue sont vendus avec droit de reproduction.

DÉSIGNATION

BOUGEOIRS

	NOMS DES AUTEURS
1 — Bougeoir, lampe antique.	**Auger.**
2 — Bougeoir Louis XVI, à anse carrée	**Clavier.**
3 — Bougeoir (*Hercule*).	**Gautier** (Jacques).
4 — Bougeoir à verrine, Louis XIII (*Têtes d'ange*).	**Granjo.**
5 — Bougeoir Louis XIII, à ferrures.	**Granjo.**
6 — Bougeoir grec, à porte-allumettes, sans bobêche.	**Granjo.**
7 — Bougeoir (*Blés*).	**Granjo.**
8 — Bougeoir à verrine (*Chinois*).	**Gugny.**
9 — Bougeoir à chimère (*Chinoise*).	**Gugny.**
10 — Bougeoir à médailles.	**Jaliffier.**
11 — Bougeoir à cuvette ovale.	**Jaliffier.**
12 — Bougeoir à cuvette carrée sans bobèche.	**Jaliffier.**
13 — Bougeoir à grand plateau sans boècbhe.	**Jaliffier.**

	NOMS DES AUTEURS
14 — Bougeoir à trèfles.	**Jaliffier.**
15 — Bougeoir à festons.	**Jaliffier.**
16 — Bougeoir, anse à collier, sans bobèche.	**Maurage**
17 — Bougeoir à verrine, Renaissance.	**Maurage.**
18 — Bougeoir grec, à abat-jour.	**Maurage.**
19 — Bougeoir, lampe grecque.	**Maurage.**
20 — Bougeoir (*Masque antique*).	**Perrot** (Henry).
21 — Bougeoir Louis XVI, à perles.	**Perrot** (Henry).
22 — Bougeoir, lampe ronde.	**Perrot** (Henry)
23 — Bougeoir (*Amour*).	**Perrot** (Henry).
24 — Bougeoir (lampe ovale), sans bobèche.	**Perrot** (Henry).
25 — Bougeoir à coupe méplate.	**Perrot** (Henry).
26 — Bougeoir à baguettes.	**Perrot** (Henry).
27 — Bougeoir Lampe unie.	**Perrot** (Henry).
28 — Bougeoir à coupe creuse.	**Perrot** (Henry).
29 — Bougeoir à Insectes.	**Perrot** (Henry).
30 — Bougeoir égyptien (*Ibis*).	**Picault.**
31 — Bougeoir, Renaissance creux.	**Robert.**
32 — Bougeoir à mascaron.	**Robert.**
33 — Bougeoir Louis XVI (*Roses*).	**Robert.**
34 — Bougeoir (*Feuilles de mûrier*).	**Robert.**
35 — Bougeoir (*Pied d'homme*). Réduction de l'Antique.	

NOMS DES AUTEURS

36 — Bougeoir (*Tête d'agneau*). (Réduction de l'antique).

NOTA. — Plus 9 Modèles dérivés des originaux ci-dessus.

BOUTS-DE-TABLE

37 — Bout-de-Table (*Tireur d'arc*).	**Clavier.**
38 — Bout-de-Table Louis XVI (*Carquois*).	**Clavier.**
39 — Bout-de-Table Louis XVI (*Flamme*).	**Clavier.**
40 — Bout-de-Table (*Enfant*) Louis XVI.	**Clavier.**
41 — Bout-de-Table Louis XVI (*Lyre*).	**Ducray.**
42 — Bout-de-Table à lampe étrusque.	**Gautier** (Jacques).
43 — Bout-de-Table à trèfles.	**Jaliffier.**
44 — Bout-de-Table mauresque.	**Jaliffier.**
45 — Bout-de-Table Louis XIV (*Enfants Poissons*).	**Joindy.**
46 — Bout-de-Table (*Faune et Bacchante*).	**Levillain.**
47 — Bout-de-Table (*Femme étrusque*).	**Levillain.**
48 — Bout-de-Table (*Hercule*).	**Maurage.**
49 — Bout-de-Table à entrelacs.	**Perrot** (Henry).
50 — Bout-de-Table grec (*Comédiens*).	**Perrot** (Henry).
51 — Bout-de-Table égyptien (*Sphinx ailé*).	**Picault.**
52 — Bout-de-Table égyptien (*Osiris*).	**Picault.**

NOMS DES AUTEURS

53 — Bout-de-Table (*Cérès et Pomone*) sans bobêche. **Picault.**

54 — Bout-de-Table Louis XVI (*Fruits*). **Robert.**

55 — Bout-de-Table (*Femme grecque*). **Robert.**

56 — Bout-de-Table Renaissance, à trois lumières. **Robert.**

57 — Bout-de-Table à *oiseaux*, style étrusque. **Robert.**

58 — Bout-de-Table Renaissance, à consoles. **Thuillier.**

59 — Bout-de-Table Louis XIV, à quadrilles. **Thuillier.**

NOTA. — Plus 29 Modèles dérivés des originaux ci-dessus.

CACHETS

60 — Cachet Louis XVI (*le Printemps*). **Robert.**

61 — Cachet (*le Travail*). **Picault.**

62 — Cachet égyptien (*Isis*). **Picault.**

CANDÉLABRES

63 — Candélabre Louis XIII, carré. **Gugny.**

64 — Candélabre grec (*Maïs*). **Jaliffier.**

65 — Candélabre (*Esclave*). **Levillain.**

	NOMS DES AUTEURS
66 — Candélabre (*Enfants Génies*), sans bobèche ni couronnement.	Maurage.
67 — Candélabre Vase, (*Cygnes*).	Maurage.
68 — Candélabre (*Jour et Nuit*).	Robert.
69 — Candélabre Louis XVI, à panache.	Robert.
70 — Candélabre Vase Louis XVI.	Robert.
71 — Candélabre (*trois Enfants*) Louis XVI.	Robert.
72 — Candélabre grec (*petite Chimère*). Réduction de l'antique.	

NOTA. — Plus 20 Modèles dérivés des originaux ci-dessus.

COFFRETS

73 — Coffret style Roman.	Granjo.
74 — Coffret Louis XVI, plat.	Jaliffier.
75 — Coffret, baquet de *Sains-Nicolas*.	Party.
76 — Coffret moyen âge.	Piat.
77 — Coffret (*Minerve*).	Picault.
78 — Coffret Renaissance (*Diane*), sans le buste.	Robert.
79 — Coffret Louis XVI, carré.	Robert.
80 — Coffret Louis XVI ovale, sans couronnement.	Robert.
81 — Coffret grec, (*combat de coqs*).	Robert.

NOTA. — Plus 5 Modèles dérivés des originaux ci-dessus.

COUPES ET PLATEAUX

82 — Coupe Louis XIII, à ferrures. **Auger.**

83 — Coupe creuse, à médaillons. **Auger.**

84 — Coupe plate, à médaillons. **Clavier.**

85 — Coupe Renaissance (*Génies*). **Ducray.**

86 — Coupe (*les Lutteurs*). **Granjo.**

87 — Coupe à anses doubles, sans la médaille. **Granjo.**

88 — Coupe à gorge unie. **Jaliffier.**

89 — Coupe à anses (*Pommes de pin*). **Jaliffier.**

90 — Coupe byzantine, à pierres. **Jaliffier.**

91 — Coupe grecque, à palmettes. **Jaliffier.**

92 — Coupe carrée (*Pâris et Hélène*). **Levillain.**

93 — Coupe (*Lierre et Masques*). **Levillain.**

94 — Coupe camée (*Cérès*). **Levillain.**

95 — Coupe Louis XVI, à base carrée. **Levillain.**

96 — Coupe haute (*Châtaignier*). **Loiseau.**

97 — Coupe à anses (*Têtes de panthère*). **Maurage.**

98 — Coupe (*les Trois Grâces*), de Germain Pilon. **Maurage.**

99 — Coupe à thyrses. **Maurage.**

100 — Coupe (*Apollon*). **Maurage.**

101 — Coupe, trépied de biche. **Maurage.**

102 — Coupe, feuilles de houx, sans couronnement. **Maurage.**

	NOMS DES AUTEURS
103 — Coupe (*Vénus*), pied incomplet	**Olms.**
104 — Coupe haute unie, en onyx.	**Perrot** (Henry).
105 — Coupe à anses droites.	**Perrot** (Henry).
106 — Coupe grecque, à guirlandes.	**Perrot** (Henry).
107 — Coupe bas-reliefs (*Parthénon*).	**Perrot** (Henry).
108 — Coupe grecque (*Vautours*).	**Perrot** (Henry).
109 — Coupe à masques antiques, sans couronnement.	**Perrot** (Henry).
110 — Coupe grecque (*Pensées*).	**Perrot** (Henry).
111 — Coupe carrée (*Pharaon*).	**Picault.**
112 — Coupe (*Hérodiade*), n° 1.	**Picault.**
113 — Coupe (Hérodiade), n° 2.	**Picault.**
114 — Coupe égyptienne (*Sphinx*).	**Picault.**
115 — Coupe de courses, à bas-relief.	**Picault.**
116 — Coupe égyptienne (*Taureau*).	**Picault.**
117 — Coupe médaille (*Virgile*).	**Picault.**
118 — Coupe (*les Grecs captifs*).	**Picault et Levillain.**
119 — Coupe étrusque, à couvercle.	**Protat (H).**
120 — Coupe grecque (*Berger*).	**Richard.**
121 — Coupe Louis XIV (*Enfants poissons*).	**Robert.**
122 — Coupe Renaissance, à anses (*Diane*).	**Robert.**
123 — Coupe (*Hercule et Antée*).	**Robert.**
124 — Coupe, trépied à griffons, moins un uni et la médaille.	**Robert.**
125 — Coupe grecque, à rubans.	

NOMS DES AUTEURS

126 — Coupe (*Amphitrite*). **Robert.**

127 — Coupe Renaissance, à trois chimères. **Robert.**

128 — Coupe (*Pied-Vignes*). **Robert.**

129 — Coupe japonaise. **Thuillier.**

130 — Coupe carrée, unie et cannelée, pour pendule à glaces, n°s 1 et 2.

131 — Coupe (*Dauphin et Coquille*) (Copie).

NOTA — Plus 23 Modèles dérivés des originaux ci-dessus.

ENCRIERS

132 — Encrier (*Phare et Cabestans*). **Auger.**

133 — Encrier Vase (*Mûrier*). **Auger.**

134 — Encrier Vase (*Cerises*). **Auger.**

135 — Encrier (Pendule) Louis XVI, à trois usages. **Clavier.**

136 — Encrier (Pendule, *Arts et Commerce*), moins le couronnement. **Devaux.**

137 — Encrier Vase Louis XVI (*Têtes de béliers*). **Duponchel.**

138 — Encrier (*Enfant dénicheur*). **François.**

139 — Encrier (*Enfant et Lapin*). **François.**

140 — Encrier (*Enfant et Oiseaux*). **François.**

141 — Encrier (*OEsope*). **Gautier** (Jacques).

142 — Encrier Louis XIV, à deux cuvettes. **Geslin.**

	NOMS DES AUTEURS
143 — Petit Encrier carré en faïence.	**Granjo.**
144 — Encrier grec (*Blés*).	**Granjo.**
145 — Encrier (*Turc*).	**Gugny.**
146 — Encrier Renaissance, à bossages.	**Gugny.**
147 — Encrier, coupe ovale. Réduit.	**Jaliffier.**
148 — Encrier (*Mauresque*).	**Jaliffier.**
149 — Encrier (*Chinois griffon*).	**Jaliffier.**
150 — Encrier grec carré, à lumière.	**Levillain.**
151 — Encrier grec (*Causeurs*).	**Levillain.**
152 — Encrier (Pendule), à deux masques.	**Levillain.**
153 — Encrier (*Eschyle*), n° 1.	**Levillain.**
154 — Encrier (*Eschyle*), n° 2.	**Levillain.**
155 — Encrier (*Têtes de lions et Camées*).	**Levillain.**
156 — Encrier (*Poésie antique*),	**Levillain.**
157 — Encrier, buste (*Hippocrate*).	**Levillain.**
158 — Encrier, lampe à deux becs.	**Maurage.**
159 — Encrier, coupe ronde, sans le couronnement.	**Maurage.**
160 — Encrier Pendule (*griffons*).	**Maurage.**
161 — Encrier grec (*Equilibriste*).	**Maurage.**
162 — Encrier, petit buste.	**Maurage.**
163 — Encrier (*Danseur*) à deux coupes.	**Maurage.**
164 — Encrier grec, à anses.	**Maurage.**
165 — Encrier Pendule à consoles et couronnes.	**May** (P.)
166 — Encrier Pendule à poignée.	**May** (P.)

	NOMS DES AUTEURS
167 — Encrier (*Cuisinier*).	**Moreau** (H.)
168 — Encrier japonais, à tiroir.	**Piat.**
169 — Encrier Louis XV. Réduit.	**Piat.**
170 — Encrier Pendule (*Assyrien*).	**Picault.**
171 — Encrier Pendule (*Hermès*).	**Picault.**
172 — Encrier Renaissance, à dossier.	**Picault.**
173 — Encrier grec, à poignée.	**Picault.**
174 — Encrier (*Sacrifice*).	**Picault.**
175 — Encrier égyptien (Pendule).	**Picault.**
176 — Encrier (*Enfants et Vase*).	**Picault.**
177 — Encrier ovale (*Mercure*).	**Picault.**
178 — Encrier à poudrier.	**Perrot** (Henry).
179 — Encrier à coupe ovale.	**Perrot** (Henry).
180 — Encrier Vase (*Sylène*).	**Perrot** (Henry).
181 — Encrier (*Vendange*).	**Perrot** (Henry).
182 — Encrier, trépied grec (*Héron*).	**Perrot** (Henry).
183 — Encrier Vase Louis XVI, à frise.	**Robert.**
184 — Encrier grec (*Cérès*), moins la figurine.	**Robert.**
185 — Encrier Vase Renaissance.	**Robert.**
186 — Encrier Vase syphoïde.	**Robert.**
187 — Encrier (*Pot de terre et Pot de fer*).	**Robert.**
188 — Encrier japonais, à cuvette carrée.	**Thuillier.**
189 — Encrier Louis XIV, à coquille.	**Thuillier.**
190 — Encrier (*Singe et Chat*).	**Werlin.**

NOMS DES AUTEURS

191 — Encrier (*Antinoüs*), d'après l'antique.

192 — Encrier, lampe romaine.

193 — Encrier Appliques (*Hercule et Lion*).

194 — Encrier (*Jupiter Olympien*).

195 — Encrier Pendule (*Enfants*), de Lemire, détails seulement.

196 — Encrier (*le Monitor*).

197 — Encrier à poignée simple.

198 — Encrier (*le Jour et la Nuit*) de Michel-Ange.

199 — Encrier japonais (*Nénuphar*).

200 — Encrier japonais carré

201 — Encrier chinois, à papeterie.

202 — Encrier gros cristal taillé.

203 — Encrier, plateau des (*Empereurs*).

204 — Encrier byzantin à figurines.

NOTA. — Plus 34 Modèles dérivés des originaux ci-dessus.

FLAMBEAUX

205 — Flambeau byzantin (*Chimère*). **Auger.**

206 — Flambeau grec, à ajours. **Auger.**

207 — Flambeau (*Buire*). **Auger.**

	NOMS DES AUTEURS
208 — Flambeau (*Fraises*).	**Auger.**
209 — Flambeau (*Groseilles et Insectes*).	**Auger.**
210 — Flambeau (*Bois*).	**Auger.**
211 — Flambeau Louis XVI (*Lauriers*).	**Clavier.**
212 — Flambeau égyptien (*Ibis*).	**Clavier.**
213 — Flambeau Louis XVI (*Chêne*).	**Duponchel.**
214 — Flambeau Louis XVI (*Roses*).	**Duponchel.**
215 — Flambeau style Roman.	**Duponchel.**
216 — Flambeau Louis XIII, à ferrures.	**Granjo.**
217 — Flambeau grec, à rosaces.	**Jaliffier.**
218 — Flambeau, pied à pans.	**Jaliffier.**
219 — Flambeau à médailles.	**Jaliffier.**
220 — Flambeau, gaîne antique.	**Levillain.**
221 — Flambeau grec, à petite cuvette.	**Maurage.**
222 — Flambeau grec, à pied carré.	**Maurage.**
223 — Flambeau Renaissance, deux chimères.	**Maurage.**
224 — Flambeau (*Lierre*).	**Maurage,**
225 — Flambeau (*Accrobates*).	**Moreau** (M.)
226 — Flambeau, à godrons.	**Perrot** (Henry).
227 — Flambeau amphore, pour gaz.	**Perrot** (Henry).
228 — Flambleau vase étrusque.	**Perrot** (Henry).
229 — Flambeau uni, à filets.	**Perrot** (Henry).
230 — Flambeau à oreillons.	**Perrot** (Henry).
231 — Flambeau (*Olives*).	**Perrot** (H.)

	NOMS DES AUTEURS
232 — Flambeau uni, à baguettes.	Perrot (Henry).
233 — Flambeau (*Ronces*).	Perrot (Henry).
234 — Flambeau uni flamand.	Perrot (Henry).
235 — Flambeau (*Mûres et Insectes*).	Perrot (Henry).
236 — Flambeau, à anneaux.	Perrot (Henry).
237 — Flambeau grec, griffes de lions.	Perrot (Henry).
238 — Flambeau de jeu, à griffes d'oiseaux.	Piat.
239 — Flambeau égyptien, à plateau.	Picault.
240 — Flambeau Renaissance (*Salamandre*).	Robert.
241 — Flambeau, pied triangle.	Robert.
242 — Flambeau, à trois masques.	Robert.
243 — Flambeau, trépied Louis XVI.	Robert.
244 — Flambeau, enfant Louis XVI.	Robert.
245 — Flambeau (*Fleurs de lys*).	Viollet-le-Duc.
246 — Flambeau à base carrée, cannelée, n°s 1 et 2, pour pendules à glaces.	
247 — Flambeau gothique, à cabochons	
248 — Flambeau à festons.	
249 — Flambeau de (*Lambessa*).	
250 — Flambeau uni, à plateau.	

NOTA. — Plus 37 Modèles dérivés des originaux ci-dessus.

GARNITURES DE BUREAU

251 — Garniture de bureau Louis XIII à ajours.
(10 modèles). **Auger.**

252 — Garniture de bureau chinoise.
(9 modèles). **Auger.**

253 — Garniture de bureau chinoise, à roseaux.
(7 modèles). **Granjo.**

254 — Garniture de bureau orientale.
(8 modèles). **Granjo.**

255 — Garniture de bureau grecque (*Mûriers*).
(9 modèles). **Granjo.**

256 — Garniture de bureau Louis XIII, à bossages.
(7 modèles). **Cugny.**

257 — Garniture de bureau persane.
(9 modèles). **Gugny.**

258 — Garniture de bureau Louis XIII (*Dauphins*).
(9 modèles). **Gugny.**

259 — Garniture de bureau gothique.
(8 modèles). **Gugny.**

260 — Garniture de bureau, moyen-âge.
(8 modèles). **Gugny.**

261 — Garniture de bureau Louis XVI (*Têtes de lions*).
(9 modèles). **Gugny.**

262 — Garniture de bureau byzantine (*Chimères*).
(9 modèles). **Gugny.**

NOMS DES AUTEURS

263 — Garniture de bureau Louis XIII (*Têtes d'anges*). (9 modèles). — Piat.

264 — Grande Garniture de bureau Louis XV. (8 modèles). — Piat.

265 — Garniture de bureau Louis XIV, à canaux. (8 modèles). — Piat.

266 — Grande Garniture de bureau Louis XIV. (7 modèles). — Piat.

267 — Garniture de bureau égyptienne. (9 modèles). — Picault.

268 — Garniture de bureau Renaissance carrée. (9 modèles). — Robert.

269 — Garniture de bureau Renaissance, Louis XII. (8 modèles). — Robert.

270 — Garniture de bureau, Renaissance simple. (9 modèles). — Robert.

NOTA. — Plus 38 Modèles dérivés des originaux ci-dessus.

GLACES

271 — Glace Louis XVI, à petites consoles. — Ducray.

272 — Glace Louis XIII, à tête d'ange. — Piat.

273 — Glace Louis XIII, à rubans. — Piat.

274 — Glace Louis XIII, à double cadre. — Piat.

275 — Glace Louis XIII (*Centaures*). — Piat.

NOMS DES AUTEURS

276 — Glace Renaissance (*Cariatides*).	**Robert.**
277 — Glace Louis XIII, à quadrilles.	**Robert.**
278 — Glace Louis XVI, à (*deux coqs*).	**Thuillier.**

NOTA. — Plus 4 Modèles dérivés des originaux ci-dessus.

GROUPES, STATUETTES, BUSTES

Pouvant servir de Presse-Papiers ou de sujets d'Encrier

279 — Groupe (*Voiture et Chien*).	**Auger.**
280 — Groupe (*Chouette au serpent*).	**Bouhon.**
281 — Groupe : *la Charité* (Tirelire).	**Carrier-Belleuse.**
282 — Buste (*Jeune fille*).	**Clodion.**
283 — Statuettes (*Vendange et Moisson*).	**Devaux.**
284 — Statuette (*Ambroise Paré*).	**Dumaige.**
285 — Statuette (*Rabelais*).	**Dumaige.**
286 — Groupe (*Peintre égyptien*).	**Guillemin.**
287 — Statuettes (*Maraudeurs*).	**Lalouette.**
288 — Groupe (*Enfant à la marotte*).	**Party.**
289 — Statuette égyptienne (*Isis*).	**Picault.**
290 — Sphinx égyptiens, n°s 1 et 2.	**Picault.**
291 — Groupe (*Enfants, Leçon de flûte*).	**Picault.**
292 — Groupe (*Fileuse endormie*).	**Picault.**
293 — Groupe (*Enfants, les Sciences*).	**Robert.**

	NOMS DES AUTEURS
294 — Groupe (*Enfants, les Arts*).	**Robert**
295 — Statuette (*Cruche cassée*).	**Robert**
296 — Groupe (*Bacchante*).	**Robert**
297 — Statuettes (*Fileuse et Dévideuse*).	**Salmson**
298 — Statuette (*Voltaire*), de Houdon. (Réduction).	
299 — Statuette (*Joueuse d'osselets*). (Réduction).	
300 — Buste (*Ajax*). (Réduction).	
301 — Statuette (*Mercure*), de Pigalle. (Réduction).	
302 — Statuette (*Moïse*), de Michel-Ange. (Réduction).	
303 — Statuette (*le Penseur*), de Michel-Ange. (Réduction).	
304 — Groupe (*Aigle*). (Reproduction).	
305 — Statuette (*Pâtre*). (Reproduction).	
306 — Statuettes (*Eloquence et Poésie*). (Reproduction).	
307 — Petit *Sphinx* grec. (Reproduction).	
308 — Groupe (*Enfant à la Panthère*). (Reproduction).	
309 — Groupe (*Chouette antique*). (Reproduction).	
310 — Statuette (*Enfant ermite*). (Reproduction).	

NOTA. — Plus 4 Modèles dérivés des originaux ci-dessus.

NOMS DES AUTEURS

GUÉRIDONS

311 — Guéridon Louis XIII, à ajours.	Auger.
312 — Guéridon (*Orphée*)	Picault et Levillain.
313 — Guéridon (*Fête à Cérès*).	Picault et Ph. May,
314 — Guéridon égyptien (*Zodiaque*),	Picault.
315 — Guéridon (*Gaîne antique*).	Robert.

NOTA. — Plus 8 Modèles dérivés des originaux ci-dessus.

JARDINIÈRES

316 — Jardinière (Cache-Pot), à anses torses.	Clavier.
317 — Jardinière byzantine.	Gugny.
318 — Jardinière grecque, carrée.	Levillain.
319 — Jardinière Louis XIV, à quatre pieds.	Piat.
320 — Jardinière égyptienne, à bas-reliefs.	Picault.
321 — Jardinière japonaise (*Papillons*).	Robert.
322 — Jardinière Louis XIV, à consoles.	Robert.
323 — Jardinière Louis XVI. à trois cariatides.	Robert.

NOTA. — Plus 8 Modèles dérivés des originaux ci-dessus.

LAMPES

324 — Lampe (*Mime antique*), pour gaz.	**Maurage.**
325 — Lampe Renaissance (*Carnavalet*).	**Maurage.**
326 — Lampe (*Centaures*).	**Maurage.**
327 — Lampe (*Trépied* et *Guerriers*).	**Maurage.**
328 — Lampe grecque, à trois anses.	**May** (Ph.)
329 — Lampe, vase étrusque.	**Perrot** (Henry).
330 — Lampe Louis XIII, trépied (*Lions*).	**Piat.**
331 — Lampe (*Minerve*).	**Picault.**
332 — Lampe égyptienne (*Terre cuite*).	**Picault.**
333 — Lampe, vase égyptien.	**Picault.**
334 — Lampe Louis XVI, à trois anses	**Robert.**
335 — Lampe Louis XIV (*Masrarons*).	**Robert.**
336 — Lampe étrusque unie (*Campana*). (Reproduction).	

NOTA. — Plus 7 Modèles dérivés des originaux ci-dessus.

LUSTRES, SUSPENSIONS

337 — Lustre byzantin.	**Cugny.**
338 — Lustre flamand (Suspension).	**Perrot** (Henry).

NOMS DES AUTEURS

339 — Lustre Mauresque). **Robert.**

340 — Lustre hollandais, à crémaillère.

PENDULES DE BUREAU

341 — Pendule (ou baromètre) Louis XVI (*Gaînes*). **Clavier.**

342 — Pendule gothique, à trois usages. **Gugny.**

343 — Pendule (ou baromètre) byzantin. **Gugny.**

344 — Pendule Renaissance carrée, à trois usages. **Robert.**

345 — Pendule japonaise (*Renne*). **Robert.**

PLATEAUX A PLUMES ET CENDRIERS

346 — Cendrier chinois, à anses. **Auger.**

347 — Cendrier ovale, à palmettes. **Jaliffier.**

348 — Cendrier (*Pommes de Pin*), avec couteau et cuiller assortis. **Maurage.**

349 — Cendrier (*Syracuse*). **Maurage.**

350 — Plumier (*Centaure*). **Perrot** (Henry).

351 — Plumier, à supports. **Perrot** (Henry).

352 — Cendrier (Olives). **Perrot** (Henry).

NOMS DES AUTEURS

PORTE-ALLUMETTES

353 — Porte-Allumettes égyptien (*Vautour*).	**Aubin.**
354 — Porte-Allumettes (Suédoises) japonais.	**Aubin.**
355 — Porte-Allumettes, à dossier.	**Auger.**
356 — Porte-Allumettes égyptien (*Scarabées*).	**Auger.**
357 — Porte-Allumettes vase grec.	**Auger.**
358 — Porte-Allumettes (*Tambour*).	**Degeorge.**
359 — Porte-Allumettes (*Sagesse*).	**François.**
360 — Porte-Allumettes (*Mauresque*).	**Granjo.**
361 — Porte-Allumettes, applique grecque.	**Jaliffier.**
362 — Porte-Allumettes (*Griffon*).	**Levillan.**
363 — Porte-Allumettes, vase étrusque.	**Levillain.**
364 — Porte-Allumettes, à rubans.	**Levillain.**
365 — Porte-Allumettes (*Feuillages*).	**Perrot (Henry).**
366 — Porte-Allumettes (*Limaçon*).	**Perrot (Henry).**
367 — Porte-Allumettes (*Femme égyptienne*).	**Picault.**
368 — Porte-Allumettes, applique égyptienne.	**Picault.**
369 — Porte-Allumettes japonais, à dossier.	**Robert.**
370 — Porte-Allumettes (*Bacchante*).	**Robert.**
371 — Porte-Allumettes japonais (*Gourde*).	
372 — Porte-Allumettes chinois (*Poissons*).	

NOMS DES AUTEURS

373 — Porte-Allumettes (*Antinoüs*).

374 — Porte-Allumettes, boîte gravée.

NOTA. — Plus 6 Modèles dérivés des originaux ci-dessus.

PORTE-BOUQUETS ET VASES A FLEURS

375 — Porte-Bouquet Louis XIII, à ajours.	**Auger.**
376 — Porte-Bouquet chinois.	**Auger.**
377 — Porte-Bouquet, vase à fleurs (*Enfant et Vigne*).	**Carrier-Belleuse.**
378 — Porte-Bouquet Louis XVI (*Carquois*).	**Clavier.**
379 — Porte-Bouquet Louis XVI (*Gaînes*).	**Clavier.**
380 — Porte-Bouquet milieu de table, Louis XVI (*Soleil*).	**Clavier.**
381 — Porte-Bouquet Louis XVI, à chaînettes.	**Clavier.**
382 — Porte-Bouquet japonais, à consoles.	**Granjo.**
383 — Porte-Bouquet (*Chimère chinoise*).	**Gugny.**
384 — Porte-Bouquet byzantin (*Chimères*).	**Gugny.**
385 — Porte-Bouquet grec, à plateau.	**Jalifler.**
386 — Porte-Bouquet Louis XIV, à lambrequins.	**Joindy.**
387 — Porte-Bouquet, vase à fleurs (*Blés*).	**Levillain.**
388 — Porte-Bouquet, trépied grec.	**Maurage.**
389 — Porte-Bouquet (*Ronces*).	**Maurage.**

	NOMS DES AUTEURS
390 — Porte-Bouquet, vase à fleurs (*Amphore*).	**Maurage.**
391 — Porte-Bouquet, à pinces.	**Maurage.**
392 — Porte-Bouquet (Milieu de table) grec, à quatre vasques.	**Maurage.**
393 — Porte-Bouquet (*Guirlandes*).	**Maurage.**
394 — Porte-Bouquet grec, à deux chimères.	**Maurage.**
395 — Porte-Bouquet (*Couronne*).	**Maurage.**
396 — Porte-Bouquet, à trois masques antiques.	**Mauragé.**
397 — Porte-Bouquet, à consoles.	**Maurage.**
398 — Porte-Bouquet, à rosaces et insectes.	**Perrot** (Henry).
399 — Porte-Bouquet (*Bambous*).	**Perrot** (Henry).
400 — Porte-Bouquet (*Amour vaincu*).	**Picault.**
401 — Porte-Bouquet (*Enfants Génies*).	**Picault.**
402 — Porte-Bouquet, corne (*Tête de cerf*).	**Robert.**
403 — Porte-Bouquet (*Vase à fleurs*) enfants Louis XVI (*Cornes*).	**Robert.**
404 — Porte-Bouquet, vase à fleurs, Louis XIV (*Griffons*).	**Robert.**
405 — Porte-Bouquet, vase à fleurs, à palmettes (Sans pied).	**Robert.**
406 — Porte-Bouquet grec, à griffes (Sans pied).	**Robert.**
407 — Porte-Bouquet, vase à fleurs, à colliers.	**Robert.**
408 — Porte-Bouquet, trépied Louis XVI.	**Robert.**
409 — Porte-Bouquet, trépied bout-de-table.	**Robert.**
410 — Porte-Bouquet Renaissance (*Chimères ailées*).	**Thuillier.**

NOMS DES AUTEURS

411 — Porte-Bouquet (*Mime antique*) (Réduction).

412 — Porte-Bouquet (*Ariane et Bacchus*) (Réductions).

413 — Porte-Bouquet (*Pâtre et Fileuse*) (Reproduction).

414 — Porte-Bouquet, verre de Venise (Reproduction).

415 — Porte-Bouquet uni, à festons.

NOTA. — Plus 19 Modèles dérivés des originaux ci-dessus.

PORTE-CIGARES ET PETITS VASES

416 — Porte-Cigares chinois.	**Auger.**
417 — Porte-Cigares à cendrier.	**Auger.**
418 — Porte-Cigares assyrien.	**Auger.**
419 — Porte-Cigares (*Groseilles*), trois vases.	**Auger.**
420 — Vase (*Écrevisses*).	**Auger.**
421 — Vase (*Comédie et Tragédie*).	**Levillain.**
422 — Porte-Cigares, lampe (*Sylène*).	**Levillain.**
423 — Vase (*Lierre*).	**Levillain.**
424 — Porte-Cigares, Vase (*Masques scéniques*).	**Levillain.**
425 — Porte-Cigares lampe, à trois becs.	**Maurage.**
426 — Porte-Cigares (*Lézards*).	**Maurage.**
427 — Porte-Cigares (*Mercure*).	**Perrot** (Henry)

NOMS DES AUTEURS

428 — Porte-Cigares Vase (*Liserons*). **Picault.**

429 — Porte-Cigares (*Brûle-Parfums*) japonais. **Robert.**

430 — Vase (*Faune et Bacchante*). **Robert.**

431 — Porte-Cigares, Vase à oiseaux. **Robert.**

432 — Porte-Cigares à trois masques. **Werlin.**

433 — Vase (*Soscibius*). (Réduction).

434 — Vase (*les Lutteurs*). (Reproduction).

435 — Vase (*Centaures*). (Reproduction).

436 — Porte-Cigares (*Tête de cerf*). (Reproduction).

437 — Porte-Cigares (*Tête d'homme*). (Reproduction.

438 — Porte-Cigares (*Lierre et Vigne*). (Reproduction).

439 — Porte-Cigares japonais, à *nuages*. (Reproduction.

440 — Porte-Cigares, vase japonais, à trois pieds. (Reproduction).

441 — Vase (*Sylène*). Reproduction.

NOTA. — Les dérivés sont des sujets d'Encriers.

PORTE-MONTRES

442 — Porte-Montre à coffrets. **Auger.**

443 — Porte-Montre Louis XIII, à ferrures. **Granjo.**

NOMS DES AUTEURS

444 — Porte-Montre-Applique grecque. **Jaliffier.**

445 — Porte-Montre grec, à cuvette. **Maurage.**

446 — Porte-Montre Renaissance (*Jour et Nuit*). **Picault.**

447 — Porte-Montre Cartel. **Picault.**

448 — Porte-Montre Louis XVI (*Enfant*). **Robert.**

449 — Porte-Montre Renaissance (*Colonette*). **Robert.**

POTS A TABAC

450 — Pot à tabac chinois. **Auger.**

451 — Pot à tabac égyptien (*Vautour*). **Picault.**

452 — Pot à tabac (*Châtaignier*). **Robert.**

453 — Pot à tabac (*Faune et Bacchante*). **Robert.**

454 — Pot à tabac (*Figuier*). **Robert.**

SERVICES POUR FUMEURS

455 — Service pour fumeur byzantin cabochons. (**5 modèles**). **Gugny.**

456 — Service pour fumeur Louis XIII, à pans. (**5 modèles**). **Robert.**

NOMS DES AUTEURS

457 — Service pour fumeur Renaissance, à lobes. (5 modèles). — Robert.

NOTA. — Plus 10 Modèles dérivés des originaux ci dessus.

SONNETTES

458 — Sonnette (*Sapin*). — **Auger.**

459 — Sonnette (*Mauves*). — **Auger.**

460 — Sonnette à médailles. — **Maurage.**

461 — Sonnette (*Centaure*), sans couronnement. — **Perrot (Henry).**

462 — Sonnette (*Lierre*). — **Perrot (Henry).**

463 — Sonnette (*Mime antique*). — **Perrot (Henry).**

464 — Sonnette (*Mauresque*). — **Perrot (Henry).**

465 — Sonnette Louis XV (*Chêne*). — **Piat.**

466 — Sonnette égyptienne, à tête. — **Picault.**

467 — Sonnette (*Hirondelles*), sans couronnement. — **Robert.**

468 — Sonnette (*Vierge*).

THERMOMÈTRES

469 — Thermomètre (*Croix*). — **Auger.**

470 — Thermomètre (*Ruines*). — **Auger.**

NOMS DES AUTEURS

471 — Thermomètre (*Fontaine*). **Auger.**

472 — Thermomètre égyptien (*Figurine*). **Picault.**

473 — Thermomètre égyptien (*Renards*). **Picault.**

474 — Thermomètre égyptien (*Obélisque*). **Picault.**

475 — Thermomètre (*Colonne unie*).

476 — Thermomètre (*Canon*).

—

TORCHÈRES

477 — Torchère (*Masques scéniques*) et lampe. **Levillain**

478 — Torchère (*Griffon antique*). **Maurage.**

479 — Torchère, chimère antique.
(*Le modèle de Chimère partagé avec MM. Bouhon et Cie*). **Maurage.**

480 — Torchère (*Palmier*) et Lampe. **May** (Ph.).

481 — Torchère Louis XIII (*Griffons*). **Piat.**

482 — Torchère égyptienne (*Momie*). **Picault.**

483 — Torchère Louis XIV, gaîne (avec bouquet à 10 lumières). **Robert.**

NOTA. — Plus 10 Modèles dérivés des originaux ci-dessus.

NOMS DES AUTEURS

VASES GRANDS MODÈLES

484 — Grand Vase Louis XIV (*Enfants* et *Fleurs*) marbre et cuivre. **Robert**

485 — Grand Vase (*Esclaves*), n° et 1 n° 2.
(*Les Esclaves* sont de M. Picault).
(Reproduction.)

VEILLEUSES

486 — Veilleuse orientale, carrée **Granjo**

487 — Veilleuse chinoise. **Werlin**

488 — Veilleuse byzantine.

MODÈLES DIVERS

489 — Monture japonaise, pour jardinière octogone, en faïence de M. Deck.

490 — Monture persane pour jardinière carrée en faïence, de M. Deck.

491 — Montures complète pour Vases, plats, etc., etc., de formes indéterminées.

NOMS DES AUTEURS

491 — Fragments de Montures pouvant s'appliquer à tous usages de la petite fabrication.

492 — Un Lot d'Unis, Bandes et Cercles.

25474 Imp. Ve Renou, Maulde et Cock, r. Rivoli, 144, Paris.

www.ingramcontent.com/pod-product-compliance
Ingram Content Group UK Ltd.
Pitfield, Milton Keynes, MK11 3LW, UK
UKHW020402250726
13967UKWH00005B/2425